BILBO JEUNESSE

Collection dirigée par
Marie-Josée Lacharité

Gilles Tibo

Illustrateur depuis plus de vingt ans, Gilles Tibo est reconnu pour ses superbes albums, dont ceux de la série *Simon*. Enthousiasmé par l'aventure de l'écriture, il a créé d'autres personnages. Il s'est laissé charmer par ces nouveaux héros qui prenaient vie, page après page. Pour notre plus grand bonheur, l'aventure de Noémie est devenue son premier roman.

Louise-Andrée Laliberté

Quand elle était petite, pour s'amuser, Louise-Andrée Laliberté inventait toutes sortes d'histoires pour décrire ses gribouillis maladroits. Maintenant qu'elle a grandi, les images qu'elle crée racontent elles-mêmes toutes sortes d'histoires. Louise-Andrée crée avec bonne humeur des images, des décors ou des costumes pour les musées et les compagnies de publicité ou de théâtre. Tant au Canada qu'aux États-Unis, ses illustrations ajoutent de la vie aux livres spécialisés et de la couleur aux ouvrages scolaires ou littéraires. Elle illustre pour vous la série *Noémie*.

Série Noémie

Noémie a sept ans et trois quarts. Avec Madame Lumbago, sa vieille gardienne qui est aussi sa voisine et sa complice, elle apprend à grandir. Au cours d'événements pleins de rebondissements et de mille péripéties, elle découvre la tendresse, la complicité, l'amitié, la persévérance et la mort aussi. Coup de cœur garanti !

Noémie

fait son cinéma !

Du même auteur chez Québec Amérique

Jeunesse

SÉRIE PETIT BONHOMME

Le Corps du Petit Bonhomme, coll. Album, 2005.
Les Images du Petit Bonhomme, coll. Album, 2003.
Les Chiffres du Petit Bonhomme, coll. Album, 2003.
Les Musiques du Petit Bonhomme, coll. Album, 2002.
Les Mots du Petit Bonhomme, coll. Album, 2002.

SÉRIE PETIT GÉANT

Le Dernier Cauchemar du petit géant, coll. Mini-Bilbo, 2007.
Le Grand Ménage du petit géant, coll. Mini-Bilbo, 2005.
Le petit géant somnambule, coll. Mini-Bilbo, 2004.
Les Animaux du petit géant, coll. Mini-Bilbo, 2003.
Le Camping du petit géant, coll. Mini-Bilbo, 2002.
L'Orage du petit géant, coll. Mini-Bilbo, 2001.
La Nuit blanche du petit géant, coll. Mini-Bilbo, 2000.
La Planète du petit géant, coll. Mini-Bilbo, 1999.
Les Voyages du petit géant, coll. Mini-Bilbo, 1998.
La Fusée du petit géant, coll. Mini-Bilbo, 1998.
L'Hiver du petit géant, coll. Mini-Bilbo, 1997.
Les Cauchemars du petit géant, coll. Mini-Bilbo, 1997.

SÉRIE NOÉMIE

Noémie 18 - La Baguette maléfique, coll. Bilbo, 2008.
Noémie 17 - Bonheur à vendre, coll. Bilbo, 2007.
Noémie 16 - Grand-maman fantôme, coll. Bilbo, 2006.
Noémie 15 - Le Grand Amour, coll. Bilbo, 2005.
Noémie 14 - Le Voleur de grand-mère, coll. Bilbo, 2004.
Noémie 13 - Vendredi 13, coll. Bilbo, 2003.
Noémie 12 - La Cage perdue, coll. Bilbo, 2002.
Noémie 11 - Les Souliers magiques, coll. Bilbo, 2001.
Noémie 10 - La Boîte mystérieuse, coll. Bilbo, 2000.
Noémie 9 - Adieu, grand-maman, coll. Bilbo, 2000.
Noémie 8 - La Nuit des horreurs, coll. Bilbo, 1999.
Noémie 7 - Le Jardin zoologique, coll. Bilbo, 1999.
Noémie 6 - Le Château de glace, coll. Bilbo, 1998.
Noémie 5 - Albert aux grandes oreilles, coll. Bilbo, 1998.
Noémie 4 - Les Sept Vérités, coll. Bilbo, 1997.
Noémie 3 - La Clé de l'énigme, coll. Bilbo, 1997.
Noémie 2 - L'Incroyable Journée, coll. Bilbo, 1996.
Noémie 1 - Le Secret de Madame Lumbago, coll. Bilbo, 1996.
- **Prix du Gouverneur général du Canada 1996**

Moi, Noémie et les autres, coll. Bilbo, 2009
Ma meilleure amie, coll. Album, 2007.
- **Prix du Gouverneur général du Canada 2008 - Illustrations**
- **Prix Alvine-Bélisle 2008**

La Nuit rouge, coll. Titan, 1998.

Adulte

Les Parfums d'Élisabeth, coll. Littérature d'Amérique, 2002.
Le Mangeur de pierres, coll. Littérature d'Amérique, 2001.

Noémie

fait son cinéma !

GILLES TIBO

ILLUSTRATIONS : LOUISE-ANDRÉE LALIBERTÉ

QUÉBEC AMÉRIQUE Jeunesse

Catalogage avant publication de Bibliothèque et Archives nationales du Québec et Bibliothèque et Archives Canada

Tibo, Gilles
Noémie fait son cinéma!
(Bilbo ; 178)
(Noémie ; 19)
Pour les jeunes.
ISBN 978-2-7644-0715-8
I. Laliberté, Louise-Andrée. II. Titre. III. Collection: Tibo, Gilles. Noémie ; 19. IV. Collection: Bilbo jeunesse ; 178.
PS8589.I26N632 2009 jC843'.54 C2009-940620-9
PS9589.I26N632 2009

Nous reconnaissons l'aide financière du gouvernement du Canada par l'entremise du Programme d'aide au développement de l'industrie de l'édition (PADIÉ) pour nos activités d'édition.

Gouvernement du Québec – Programme de crédit d'impôt pour l'édition de livres – Gestion SODEC.

Les Éditions Québec Amérique bénéficient du programme de subvention globale du Conseil des Arts du Canada. Elles tiennent également à remercier la SODEC pour son appui financier.

Québec Amérique
329, rue de la Commune Ouest, 3e étage
Montréal (Québec) H2Y 2E1
Téléphone: 514 499-3000, télécopieur: 514 499-3010

Dépôt légal: 3e trimestre 2009
Bibliothèque nationale du Québec
Bibliothèque nationale du Canada

Révision linguistique: Annie Pronovost et Diane-Monique Daviau
Mise en pages: Andréa Joseph [pagexpress@videotron.ca]
Conception graphique: Célia Provencher-Galarneau

Imprimé au Canada

À mon neveu Théo

-1-

La vie comme un film ennuyant

Moi, je déteste les vacances. Je n'aime pas les vacances d'hiver, parce que l'hiver il fait froid, il faut jouer dehors, on se gèle les pieds et on grelotte tout le temps… Je n'aime pas les vacances d'été, parce que l'été, habituellement, mes parents en profitent pour redoubler d'ardeur au travail. Mais, hier soir, pour une rare fois, j'ai passé toute la soirée avec mon père. Il n'avait pas de rendez-vous. Il n'avait pas de réunion. Il n'était pas débordé. Il venait d'acheter une caméra numérique et il avait envie de l'essayer. C'est une caméra avec laquelle on peut prendre des photographies et aussi réaliser de petits films...

Mon père a pris quelques photos de moi. Et moi, j'ai pris quelques photos de mon père. Ensuite, en riant comme des fous, nous avons fait de petits bouts de film. Nous avons filmé un écureuil, puis des oiseaux,

puis des nuages, puis le coucher du soleil.

Ce matin, au petit-déjeuner, je photographie ma mère qui avale trois tasses de café l'une après l'autre. Je filme mon père qui mange ses rôties à une vitesse supersonique. Je lui demande:

—Est-ce que je peux jouer avec ta caméra, aujourd'hui?

Il me fait signe que oui. Il regarde sa montre, m'embrasse

sur le front et disparaît dans le corridor en criant :

— À ce soir !

Ma mère répond « À ce soir ! » Puis, elle regarde sa montre en fronçant les sourcils... Ça veut dire que nous devons nous dépêcher. Nous quittons la maison. Nous nous embrassons rapidement et pendant que ma mère se dirige vers son automobile, moi, je monte l'escalier qui mène chez ma belle grand-maman d'amour en chocolat fondant. Une fois rendue sur le balcon, il me vient une bonne idée.

En catimini, j'entre dans l'appartement. À pas de loup, je me glisse le long du corridor. Sans faire de bruit, je m'approche de la cuisine. Installée devant l'évier, grand-maman me dit sans même se retourner :

—Noémie, je sais que c'est toi!

—Mais... Mais, comment avez-vous fait?

—C'est mon instinct de grand-mère!

—Non, vraiment... Comment avez-vous fait?

—Ma belle petite Noémie d'amour... Tu es aussi subtile qu'un éléphant dans un jeu de quilles, aussi silencieuse qu'une sirène de police!

—Bon, grand-maman, à partir de maintenant, je serai très subtile... et très silencieuse... Faites exactement comme si je n'étais pas là...

—Pourquoi?

—Vous allez voir...

Avec la caméra de mon père, clic... clic... clic... Je photographie ma grand-mère pendant

qu'elle lave la vaisselle, époussette les meubles, nourrit le serin. De temps à autre, elle regarde la caméra en rougissant... Ensuite, je la filme et je lui demande de me dire quelque chose, n'importe quoi, juste pour rigoler. Eh bien, grand-maman ne rigole pas du tout. Elle est tellement intimidée par la caméra qu'elle devient plus rouge qu'une tomate. Elle bégaie : «B... b... bon... j... ou... rrr...»

Ne sachant plus quoi dire, quoi faire, elle se met à trembler puis elle me tourne le dos en disant :

— Bon, Noémie, c'est assez !

Pauvre grand-maman, elle ne sera jamais une vedette de cinéma, ça c'est certain !

Pour changer de rôle, j'explique le fonctionnement de la caméra à mon anti-vedette préférée :

— Vous n'avez qu'à appuyer sur le petit bouton, ici !

Tout va bien. Ma grand-mère me filme pendant que j'attache mes lacets de soulier, puis, à son tour, elle me demande de lui dire quelque chose. Je… Je me fige sur place. J'avale un peu de salive et je marmonne, tout intimidée :

—Je… Heu… Bonjour ma belle grand-maman d'amour en chocolat!

Après avoir lancé cette réplique absolument géniale, je m'empare de la caméra et je regarde le petit bout de film. En me voyant apparaître sur l'écran, je manque de tomber sans connaissance. Je n'aime pas mes yeux trop grands, mon menton trop petit. Je déteste mes cheveux trop frisés et je trouve ma voix épouvantablement aiguë! Ouache! Ouache! Ouache! J'en arrive à la conclusion que je suis exactement comme ma grand-mère: je ne serai jamais une vedette de cinéma, ça c'est certain!

Nous cessons de nous filmer. Nous jouons à d'autres jeux... Nous essuyons la vaisselle comme si nous étions deux servantes dans un film de princesses. Nous déambulons dans le corridor comme si nous étions les vedettes d'un reportage sur la vie privée des gens riches et célèbres. Nous jouons quelques parties de cartes comme si nous étions des cow-boys dans un western, et ensuite, par habitude, nous nous retrouvons assises devant la télévision. Je regarde ma montre et je n'en reviens pas ! Il est seulement dix heures et vingt-deux minutes du matin ! Je demande à grand-maman :

— Avez-vous un scénario pour aujourd'hui ?

— Un scénario pour quoi faire ? me demande-t-elle.

— Un scénario pour faire quelque chose d'intéressant !

Elle me répond cette phrase qui semble tout droit sortie d'un téléroman :

— Mais voyons, Noémie. Je n'ai aucun scénario... L'important, c'est que tu sois près de moi !

Je m'empare de la télécommande. J'appuie sur le petit bouton pour changer les postes. Je ne vois rien d'intéressant, seulement des films de détectives, des films d'aventures, des films d'amoureux. Des films que j'ai vus, chacun, au moins dix fois. Je connais les répliques par cœur… «À toi de jouer, mon gaillard!»… «Chéri, il y a un inconnu dans la cuisine!»… «M'aimes-tu autant que je t'aime?»…

Pendant que grand-maman écoute ces inepties, moi j'en profite pour réfléchir à ma vie. Je revois, à l'envers et en accéléré, le cinéma de mon histoire personnelle. Mon existence se résume à environ quatre cents films et à dix mille émissions de télévision… Mais ce n'est pas une vie comme celle-là qui m'intéresse! Moi, je veux vivre de vraies aventures à chaque heure de la journée! Je veux vivre des péripéties époustouflantes à chaque minute! Je veux vivre des événements grandioses à chaque seconde !

Je jette un coup d'œil par la fenêtre du salon. Le ciel bleu annonce une journée magnifique. J'ai l'impression que je vais mourir, devant la télé. Mon cœur accélère. Mes muscles se contractent. Je bondis en plein milieu du salon :

— Grand-maman ! Il n'est même pas onze heures du matin ! Il fait beau. Il fait chaud ! Il faut faire quelque chose !

Grand-maman me pose cette question qui me scie les jambes :

— Mais, Noémie... Faire quoi?

— Voyons donc, grand-maman ! Il y a mille choses à faire ! Nous pourrions jouer dehors ! Faire un pique-nique ! Aller à la bibliothèque ! Grimper dans les arbres! Jouer avec l'ordinateur de mon père!

—Je n'aime pas les ordinateurs, soupire grand-maman.

—Heu... Bon... Nous pourrions nous baigner à la piscine! Faire de l'escalade! Construire une cabane! Partir en voyage! Aller sur la Lune...

Grand-maman fixe le plafond en soupirant:

—Mon Dieu Seigneur! Noémie! Arrête! Tu m'étourdis...

Pendant que je pense à tout ce que je pourrais faire avec ma belle grand-maman Lumbago, je vois ses yeux qui se ferment de plus en plus. Sa tête se penche par en avant. Son menton s'appuie sur sa poitrine... Grand-maman somnole sur le canapé. Elle ronfle un peu...

Je m'empare de la télécommande. Clic! J'éteins le téléviseur.

Grand-maman ronfle de plus en plus fort. Ron… Ron… Ron… Le chat s'approche, se roule en boule sur ses genoux, ferme les yeux et s'endort lui aussi. Moi, je reste debout, toute seule, au milieu du salon. Il faut faire quelque chose… Mais quoi?

Quoi?? Avec deux points d'interrogation.

Quoi??? Avec trois points d'interrogation.

Tout à coup, sans avertir, le chat se dresse sur ses pattes. Ses poils se hérissent. Il quitte les genoux de grand-maman et bondit sur le plancher. Les oreilles en alerte, il rampe pour se réfugier sous le canapé du salon!

Je ne suis pas folle ! Je sais bien que les chats et les chiens perçoivent les dangers plusieurs minutes avant les humains. Je l'ai vu dans plusieurs films !

Le serin se met à siffler en virevoltant dans sa maison de broche. Pit ! Pit… Pit… Trrr… Trrrr… Trrrrr… On dirait qu'il est soudainement devenu fou furieux. Il se lance contre les tiges de métal. Des plumes s'envolent de tous les côtés. Il ne chante plus. Il piaille ! Il s'égosille ! Il s'époumone comme s'il voulait nous avertir d'un danger ! Frrruitt ! Frrruiitt ! Frrruiiitt !

Il n'y a plus de doute possible ! Un drame épouvantable se prépare à notre insu !

-2-

Comme dans un film de science-fiction

Je n'en crois ni mes orteils, ni mes talons, ni la plante de mes pieds. Pendant que grand-maman ronfle... Ron... Ron... Ron... que le chat tremble sous le canapé et que le serin crie à tue-tête, moi, Noémie, je sens la maison qui vibre... qui vibre très légèrement. Je me recroqueville. Je pose mes mains sur le tapis. Je ne rêve pas. Le plancher vibre de plus en plus fort. Mes paumes frissonnent. Les cadres commencent à trembloter sur les murs... Clic... Clic... Clic... suivis par les meubles du salon qui frémissent Vrr… Vrr… Vrr… Et le serin qui s'égosille Frrruitt… Frrruitt… Frrruitt!

Ron… Ron… Ron… Clic… Clic… Clic… Vrr… Vrr… Vrr… Frrruitt… Frrruitt… Frrruitt!

Je colle mon oreille directement sur le plancher.

Ron… Ron… Ron… Clic… Clic… Clic… Vrr… Vrr… Vrr… Frrruitt… Frrruitt… Frrruitt!

J'essaie de ne rien imaginer.

Ron… Ron… Ron… Clic… Clic… Clic… Vrr… Vrr… Vrr… Frrruitt… Frrruitt… Frrruitt!

J'essaie de ne pas penser aux tremblements de terre qui détruisent des villes entières. Aux tornades qui emportent des vaches dans le ciel… Aux galaxies qui explosent dans le vide intersidéral…

Ron… Ron… Ron… Clic… Clic… Clic… Vrr… Vrr… Vrr… Frrruitt… Frrruitt… Frrruitt!

J'essaie de ne pas penser aux maisons qui s'écroulent parce qu'elles sont trop vieilles ou trop fatiguées ou…

Ron… Ron… Ron… Clic… Clic… Clic… Vrr… Vrr… Vrr… Frrruitt… Frrruitt… Frrruitt!

J'essaie de rester calme afin d'avoir une vision juste, claire, nette et précise de la réalité. Mais c'est impossible! Je ne réussis pas à ne pas m'énerver! Je m'énerve de m'énerver et ça m'énerve tellement que j'en deviens complètement nerveuse, d'une nervosité énervante qui m'énerve moi-même! Ça, c'est un énervement doublement et triplement énervant qui énerverait n'importe qui! Mes globules blancs et rouges tremblotent dans mes veines. Mes cheveux frissonnent de peur. Les bouts de mes os s'entrechoquent et mes dents, mes pauvres dents, commencent à claquer. Clac... Clac... Clac...

Ron... Ron... Ron... Clic... Clic... Clic... Vrr... Vrr... Vrr... Frrruitt... Frrruitt... Frrruitt! Clac... Clac... Clac...

Je suis tellement énervée qu'il m'est impossible de crier:

— Vite, vite, grand-maman! Réveillez-vous! La maison va s'écrouler!

-3-

Le monstre de métal

Ron... Ron... Ron... Clic... Clic... Clic... Vrr... Vrr... Vrr... Frrruitt... Frrruitt... Frrruitt! Clac... Clac... Clac...

Un autre bruit me fait sursauter! Par la fenêtre grande ouverte, j'entends un grincement étrange, un bruit sourd qui semble venir d'un autre monde, un bruit qui pourrait ressembler à celui que ferait un monstre de métal, un robot gigantesque, mal huilé...

Pendant que la panique s'empare de mon corps, tout à coup, le serin se tait. Il ne chante plus, exactement comme s'il appréhendait une terrible catastrophe! Mon cœur tressaille. Les grincements de métal ralentissent puis se transforment en souffle rauque. Tschhh... Tschhh... Tschhh... comme si un dragon, fatigué de parcourir le monde, reprenait son souffle devant la maison.

Devant **ma** maison à **moi**!

Tschhh... Tschhh... Tschhh... Le monstre s'est arrêté devant chez moi. Je l'entends qui bouge un peu... Tschhh... Tschhh... Tschhh... Il est tellement énorme qu'il fait trembler le feuillage des arbres. Des oiseaux s'envolent en piaillant. Des écureuils se sauvent. Le monstre est tellement lourd, il gronde tellement fort que la maison vibre à chacun de ses mouvements.

Je ne sais plus quoi faire. Comme il est impossible d'aller rejoindre le chat sous le canapé ou de me sauver dans la cage du serin, je me lance sur ma grand-mère.

— Grand-maman, comment pouvez-vous ronfler alors qu'un drame épouvantable se prépare?

Grand-maman, pas énervée du tout, me répond, à moitié endormie:

— Moi? Je ne ronflais pas!

— Mais oui, grand-maman, vous ronfliez, beaucoup!

— Mais non...

— Mais oui!

Les yeux toujours fermés, elle demande:

— Noémie, pourquoi trembles-tu ainsi?

— Si je vous dis la vérité, vous allez paniquer!

Les paupières closes, elle répond:

— Mon Dieu Seigneur, ne t'en fais pas pour moi... J'en ai vu d'autres...

J'avale un peu de salive:

— Un gros monstre vient de s'arrêter devant chez nous! Un monstre comme un robot géant venu d'une autre planète, ou un épouvantable tyrannosaure de métal, qui veut nous dévorer!

Grand-maman murmure:

— Et je parie que ton robot ou ton tyrannosaure possède des roues en caoutchouc, une grande boîte métallique et qu'il est piloté par un conducteur très musclé!

Je quitte les bras de ma grand-mère. Je me précipite vers la

fenêtre et je regarde en bas, dans la rue. Je n'en reviens pas!

—Grand-maman, comment avez-vous fait pour deviner?

Elle soupire en bâillant:

—Premièrement, les gros robots n'existent que dans les films de science-fiction. Deuxièmement, les tyrannosaures sont disparus depuis des millions d'années. Troisièmement, c'est aujourd'hui le jour des déménagements. Et quatrièmement, ce sont probablement nos voisins d'en face qui déménagent.

—Et ils s'en vont où?

—Je ne le sais pas!

—Et qui va les remplacer?

—Je ne le sais vraiment pas!

J'imagine que mes futurs voisins seront des savants extravagants, des sorcières qui ne sortent que les soirs de pleine lune, des magiciens, des gnomes, des farfadets... Mais je n'ai pas le temps de continuer à penser à mes nouveaux voisins. Le gros camion, en bas, fait Bip... Bip... Bip... Il recule et il s'avance plusieurs fois pour s'approcher du trottoir, de l'autre côté de la rue. Sans me retourner, je dis à grand-maman :

— Ce serait drôle si nos nouveaux voisins étaient des extraterrestres !

Elle me répond par un ronflement. Ron... Ron... Ron... Je m'approche et, pour faire une blague, je crie :

— Nos nouveaux voisins sont des vampires !

Grand-maman ouvre un œil :

— Mon Dieu Seigneur, pourquoi parles-tu si fort ?

— Parce que vous dormiez...

— Non, je ne dormais pas…

— Oui, vous dormiez, parce que vous ronfliez!

— Je ne ronflais même pas!

— Oui, et très fort!

— Mais non…

— Oui!

— …

Je retourne à la fenêtre pour épier le camion qui vient de s'arrêter de l'autre côté de la rue. Il fait un dernier Pshuiiiittt! Et derrière ce gros Pshuiiiittt… j'entends les ronflements de grand-maman… Ron… Ron… Ron… qui recommencent de plus belle.

Il me vient une idée!

-4-

Filmer la scène

Ron... Ron... Ron... Pendant que grand-maman ronfle à tue-tête, je m'empare de la caméra de mon père. Je filme ma grand-mère pour lui prouver qu'elle ronfle... Hi... Hi... Hi... Je la filme de tous les angles et de tous les côtés. Ce sera une preuve irréfutable, comme on dit dans les films! Pendant que grand-maman ronfle, une mèche de ses cheveux glisse devant son nez. À chaque expiration, la mèche se soulève puis retombe comme par magie. Je filme et je filme et je filme, puis je me fatigue de voir la mèche descendre et remonter.

Pendant que ma grand-mère dort, je photographie le serin, le chat, puis je m'installe à la fenêtre pour regarder les déménageurs. Je fais avancer le zoom afin de faire des gros plans. En plus de les épier comme une détective, je peux les photographier comme une vraie journaliste. Clic! Clic! Clic! Ces déménageurs sont de vrais professionnels. Ils ne cessent de se rendre de la maison au camion et du camion à la maison. Tout y passe: le frigo, la cuisinière, la laveuse, la sécheuse, le téléviseur…

Comme je n'ai rien d'autre à faire, je me rends sur le balcon et, encore une fois, je photographie les déménageurs. Clic! Clic! Clic! Zoom en avant... Zoom en arrière... caméra sur le côté, caméra à l'horizontale...

Je descends l'escalier. Clic! Clic! Clic! Je m'arrête sur la première marche, celle qui donne sur le trottoir. Clic! Clic! Clic! Et tout à coup, en l'espace d'une fraction de seconde et trois quarts et sept huitièmes, ma vie change complètement de direction. Le plus gros des déménageurs lève les yeux et me regarde. Il ne dit rien, mais il fait un signe de la tête à son comparse qui me fixe, fronce les sourcils et continue à faire semblant de rien en poussant une grosse boîte dans le camion. Le troisième déménageur me voit, lui aussi, avec la caméra. Il fixe

ses deux compagnons, me toise avec un air très méchant avant de disparaître, à son tour, dans la grande boîte du camion.

Et puis il ne se passe plus rien. Les trois hommes ne ressortent plus de la boîte. Ce n'est pas logique. Il se trame quelque chose. Quelque chose de grave.

Après quelques secondes plus longues que des siècles, les trois déménageurs sortent lentement du camion et, en faisant mine de rien, en regardant à gauche et à droite, en sifflotant, ils se dirigent vers moi.

Que me veulent-ils?

Je réfléchis à toute vitesse et quand je dis à toute vitesse, je veux dire à la vitesse de la lumière, ce qui est la vitesse la plus rapide au monde! Je grimpe les marches pour me réfugier, en haut, sur le balcon de grand-maman. Au pied de l'escalier, les trois déménageurs lèvent la tête. Ils me fixent d'un air très méchant qu'ils essaient de camoufler avec de faux sourires. Le plus petit des trois me dit, du miel dans la voix :

— Bonjour, ma petite. Comment tu t'appelles?

Je ne suis pas folle. Je lance le premier nom qui me vient à l'esprit :

— Léopoldine !

Le moyen déménageur me dit :

— Sais-tu, Léopoldine, que tu n'as pas le droit de photographier les gens, comme ça, sans leur consentement?

Je ne réponds pas mais, d'une main, je m'agrippe à la poignée de la porte.

Le plus gros déménageur commence à monter les marches :

— Bon, Léopoldine, sois gentille ! Efface les photos que tu viens de prendre et tout ira bien pour toi !

Cette dernière phrase résonne dans ma tête. Je comprends, avec horreur, que si je n'efface pas les photographies, tout va très mal se passer pour moi. Je tourne la poignée de la porte.

Le gros déménageur gravit les marches en disant des choses que je ne peux pas répéter. Je rentre en vitesse. Je verrouille la serrure, et j'entends grand-maman qui ronfle dans le salon.

Soudain, BANG ! BANG ! BANG ! Le gros déménageur frappe à grands coups de poing sur la porte. Je vois la masse immense de son corps derrière la fenêtre. Il hurle de toutes ses forces :

— LÉOPOLDINE ! OUVRE ! SINON, JE DÉFONCE LA PORTE !

-5-

Bang ! Bang ! Bang !

En tremblant et en tenant la caméra très fort entre mes mains, je recule dans le salon. BANG ! BANG ! BANG !

— OUVRE CETTE PORTE IMMÉDIATEMENT !

Grand-maman s'éveille en sursaut ! Le chat tremble de plus belle sous le canapé. Le serin se cache au fond de sa cage. Je m'approche de la porte pour crier à mon tour :

— PAS DE PANIQUE ! JE VIENS D'EFFACER LES PHOTOS !

— JE NE TE CROIS PAS !

— JE… JE NE SUIS PAS UNE MENTEUSE !

— JE VEUX DES PREUVES !

Grand-maman se frotte les yeux en demandant ce qui se passe. Je lui réponds que tout va bien, mais la grosse voix, de l'autre côté, hurle :

— LÉOPOLDINE ! JE VEUX VOIR LA CAMÉRA, IMMÉDIATEMENT, SINON JE DÉFONCE !

Grand-maman, qui ne comprend vraiment rien à la situation, me demande :

— Qui est Léopoldine ?

— Ce serait trop long à expliquer !

— Et qui est ce monsieur ?

— Ce serait vraiment trop long à expliquer !

Grand-maman s'approche de la porte.

— Qui êtes-vous, monsieur ?

—JE SUIS UN... UN DÉMÉNAGEUR!

—Ne le croyez pas, grand-maman, c'est un menteur!

Tout à coup, grand-maman et moi, nous sentons l'escalier vibrer. Les deux autres déménageurs montent sur le balcon pour prêter main-forte à leur collègue. Les trois hommes se chuchotent des choses que je ne saisis pas. Ensuite, le plus petit des trois s'approche de la fenêtre et dit, en faisant un faux sourire:

—Madame, nous voulons seulement que Léopoldine efface les photos!

—Mon Dieu Seigneur, mais de quelles photos me parlez-vous?

—Des photographies qu'elle vient tout juste de prendre!

Je cache la caméra dans mon dos et je souris d'un faux sourire.

—Quelles photos? me demande grand-maman.

—J'ai photographié les déménageurs et ils ne sont pas contents...

—Pourquoi ils ne sont pas contents?

—Mais voyons, grand-maman, faites-vous exprès pour ne rien comprendre? Ce ne sont pas des déménageurs. Ce sont des voleurs! Ils profitent de la journée des déménagements pour piller des maisons!

—Mon Dieu Seigneur... en es-tu certaine, Noémie?

—Je vous le jure, grand-maman!

—Prouve-le, immédiatement!

BANG! BANG! BANG!

En vitesse, je dis :

— Premièrement, il n'y a aucun nom de compagnie sur le camion. Ce qui est louche…

BANG ! BANG ! BANG !

— Deuxièmement, il me semble que les propriétaires sont présents lors d'un déménagement. Et là, nos voisins sont absents. Ce qui est vraiment louche…

BANG ! BANG ! BANG !

— Troisièmement, ils ne veulent pas se faire photographier, parce que des photographies peuvent devenir des preuves. Ce qui est encore plus louche…

BANG ! BANG ! BANG !

— Quatrièmement, ils sont devenus complètement hystériques ! Ce qui est extrêmement louche…

BANG! BANG! BANG! La porte vibre sur ses pentures. La fenêtre menace de se briser à chaque coup. La grosse voix du plus gros déménageur hurle:

— LA RÉCRÉATION EST TERMINÉE! JE COMPTE JUSQU'À TROIS ET JE DÉFONCE!

— Mon Dieu Seigneur... Donne-leur donc les photographies et qu'on en finisse tout de suite!

— Vous n'êtes pas sérieuse, grand-maman. Si nous ouvrons la porte, ils vont nous voler!

— Mon Dieu Seigneur, de mon Dieu Seigneur, de mon Dieu Seigneur... Qu'allons-nous faire?

— Ne craignez rien, je suis là!

La grosse voix du gros déménageur crie:

— UN !

Moi, j'essaie de réfléchir le plus rapidement possible…

— DEUX !

… mais je suis tellement énervée que mes idées s'embrouillent.

— TROIS !

Mon cœur palpite à tout rompre. Grand-maman s'agrippe à moi, ou moi à elle, ou les deux ensemble. Je ne sais pas, je ne sais plus… Je vois le gros démévoleur… heu… le gros démélangeur… heu… le gros dévoleur qui recule sur le balcon pour prendre son élan.

-6-

L'intérêt commun?

Pendant que le gros démévoleur recule pour prendre son élan, BING! il me vient une idée absolument géniale. Je crie:

—ATTENDEZ!

—Attendre quoi? demande grand-maman.

—ATTENDRE QUOI? crie le démévoleur.

Je murmure à grand-maman:

—J'ai une idée, mais je n'ai pas le temps de vous l'expliquer. Arrangez-vous pour les occuper, je reviens tout de suite!

— Les occuper… mais comment?

Pendant que je m'éloigne dans le corridor, je dis :

— Je ne sais pas! Racontez-leur votre jeunesse! Donnez-leur des recettes de gâteaux!

Deux fois plus rapidement que la vitesse de la lumière, ce qui veut dire deux fois plus vite que la vitesse la plus rapide au monde, je traverse la cuisine. J'ouvre la porte arrière. Je dévale l'escalier qui donne dans la cour. J'entre chez moi et je me précipite sur l'ordinateur de mon père. Je prends le petit fil qui relie l'appareil photo à l'ordinateur et, pendant que je transfère toutes les photographies dans la mémoire de l'ordi, je téléphone à mon ami Francis pour lui demander quelque chose de très important. Francis me répond :

— Pas de problème, Noémie! Avec plaisir, Noémie! Tu peux compter sur moi, Noémie! J'ai tout ce qu'il faut, Noémie…

Bon, bon, bon… Je remercie Francis. Je raccroche. Je m'empare de la caméra puis je quitte la maison. Trois fois plus rapidement que la vitesse de la lumière, je remonte l'escalier, pénètre dans la cuisine, me lance dans le corridor et, tout essoufflée, m'arrête devant ma grand-mère qui, en pleurant à chaudes larmes, snif… snif… snif… raconte aux démévoleurs comment elle a fait brûler sa dernière lasagne.

Je m'approche de la porte et je crie :

— MESSIEURS LES DÉMÉNAGEURS, VOUS AVEZ GAGNÉ! ATTENDEZ DEUX SECONDES!

— C'EST TERMINÉ! JE N'ATTENDS PLUS! hurle d'impatience le gros démévoleur.

— Que vas-tu faire encore? demande grand-maman, complètement dépassée par la situation.

— Vous allez voir!

Quatre fois plus rapidement que la vitesse de la lumière, je cours jusqu'à la cuisine, j'ouvre un tiroir, m'empare d'un rouleau de corde et d'une paire de ciseaux. Je me rends sur le balcon arrière, grimpe l'échelle accrochée au mur et monte sur le toit. Je me rends sur le devant de la maison. Je me penche par-dessus le rebord de la toiture et, en dominant la situation, je crie aux trois démévoleurs, en bas sur le balcon :

— Bon ! Messieurs ! Voilà ce que nous allons faire !

Les trois brigands sursautent. Ils relèvent la tête, éberlués de me voir là. Je leur dis, exactement comme si j'étais devenue l'héroïne d'un film :

— Voilà ce que nous allons faire ! Premièrement, je descends une corde après laquelle vous allez attacher quelque chose qui est important pour vous, par exemple un portefeuille que je vais garder en garantie. Ensuite, je fais descendre la caméra suspendue au bout d'une autre corde. Vous allez effacer vous-mêmes vos photos. Ensuite, je remonte la caméra et je redescends votre portefeuille. Est-ce que c'est clair ? Messieurs ?

Les trois démévoleurs se regardent, perplexes. Le plus petit lève la tête pour demander :

— Et qu'est-ce qui nous prouve que tu vas nous redonner le portefeuille ?

— Et qu'est-ce qui me prouve que vous allez me redonner la caméra ?

Je laisse tomber un bout de corde jusqu'à la hauteur du balcon, puis je lance cette réplique tout droit sortie d'un film de gangster :

— Messieurs, c'est une question d'intérêt commun !

— Qu'est-ce qu'elle veut dire ? demande le plus gros.

— Elle veut dire que tout ce tralala est dans notre intérêt commun, dit le plus petit.

— L'intérêt commun de qui ? soupire le troisième.

Les trois démévoleurs parlementent entre eux. Puis, ils me font signe qu'ils sont d'accord avec ma proposition. Comme dans les films de détectives, je bluffe en disant d'un air très sérieux :

— Attention ! C'est moi qui tiens le gros bout du bâton !

— De quel bâton parle-t-elle ? demande le moyen.

— Laisse faire, soupire le plus petit.

Je réfléchis en vitesse, puis j'ajoute, comme à la télévision :

— J'ai une autre exigence à formuler !

— Quoi encore ? demandent les trois malfaiteurs.

— Une seule personne doit rester sur le balcon ! Comme ça, ce sera égal. Un contre un !

Le gros démévoleur soupire. Il fait signe aux deux autres de quitter les lieux. Pendant que ses complices descendent l'escalier en maugréant, il sort son portefeuille et l'attache au bout de la corde. Je le remonte juste assez haut pour qu'il soit impossible à attraper. Avec un autre bout de corde, je fais descendre, lentement, très lentement la caméra. Le démévoleur la saisit par la ganse. Je n'ai même pas besoin de lui expliquer comment elle fonctionne. Il appuie sur les bons boutons et chaque fois qu'une image disparaît, j'entends le petit bruit électronique : bliuip !

Après plusieurs petits bliuip !, je dis :

— Auriez-vous quand même la gentillesse de ne pas effacer

le film et les photos de ma grand-mère, parce que je veux lui prouver qu'elle ronfle!

Le démévoleur ne me répond pas, mais il lève la tête et me regarde d'un air qui veut dire: «Non mais, elle est incroyable cette petite!»

Lorsque le démévoleur a terminé, je laisse tomber le portefeuille sur le balcon et, pendant qu'il se penche pour le ramasser, je remonte en vitesse la caméra numérique.

Cinq fois plus rapidement que la vitesse de la lumière, je cours sur le toit de la maison, descends l'échelle, saute sur le balcon arrière et vais rejoindre grand-maman, qui a assisté à toute la scène en la regardant par la fenêtre de la porte d'entrée.

Le gros démévoleur descend lourdement l'escalier. Sans dire un mot, il rejoint ses comparses qui l'attendent tout près du camion. Ils montent tous les trois dans l'habitacle, puis referment les portes en les faisant claquer.

Le moteur vrombit. La maison tremble sur ses fondations. Des oiseaux s'envolent en piaillant. Le camion s'avance de quelques mètres à peine et puis soudain, il s'arrête en chuintant. Des exclamations et des jurons épouvantables sortent de l'habitacle. Les trois démévoleurs quittent en vitesse le véhicule et se sauvent en gesticulant sur le trottoir, comme s'ils étaient poursuivis par des fantômes invisibles.

— Que se passe-t-il ? demande grand-maman.

—Ne craignez rien, tout se passe comme prévu.

—Prévu par qui?

Je ne réponds pas, mais je fais un large sourire.

— Non, Noémie, ce n'est pas vrai ! Qu'est-ce que tu as encore manigancé ?

-7-
La brigade arrive !

Grand-maman me repose sa question en fronçant les sourcils :

— Noémie, qu'est-ce que tu as encore manigancé ?

— Moi, je n'ai rien fait du tout !

— Noémie !?!?

— C'est mon ami Francis qui a tout fait !

— Tout fait… quoi ?

Je n'ai pas le temps d'expliquer ce que mon ami a fait. Grand-maman et moi, nous entendons des vibrations dans l'escalier. Quelqu'un de très léger monte les marches en courant. Francis apparaît sur le balcon, tout pimpant, tout souriant... Je lui ouvre la porte et nous éclatons de rire :

— HI ! HI ! HI ! Et HA ! HA ! HA !

Grand-maman nous fixe de ses petits yeux interrogateurs. Alors, je lui explique que, lorsque je suis descendue chez mes parents, j'ai mis toutes les photos de la caméra dans la mémoire de l'ordinateur. J'ai aussi appelé Francis pour lui demander de mettre du poil à gratter dans l'habitacle du camion.

— Du poil à gratter? s'étonne grand-maman.

— Oui, oui, du vrai poil à gratter ! répond fièrement Francis.

— Mon Dieu Seigneur, de mon Dieu Seigneur ! Et qu'allons-nous faire, maintenant ?

— Maintenant, nous allons appeler les policiers !

Je m'empare du téléphone, je signale le numéro d'urgence et je dis :

— Bonjour, mademoiselle, je m'appelle Noémie et je viens d'empêcher des voleurs de s'enfuir avec un gros camion rempli de meubles volés chez mes voisins d'en face.

La policière me demande si je suis toute seule à la maison. Je réponds :

— Non, j'ai deux témoins, ma grand-mère qui est très gentille et mon ami Francis qui, à ma demande, a mis du poil à gratter dans le camion, et c'est pour cela que les voleurs se sont sauvés, mais ne vous inquiétez pas, j'ai pris au moins cinquante clichés des brigands. On les voit sous tous les angles possibles et impossibles. Ils seront donc facilement identifiables lorsque le moment sera venu. Voilà !

La policière, d'un ton sceptique que je n'aime pas du tout, me demande de parler à la personne responsable de la maison. Grand-maman prend le récepteur et dit :

— Bonjour, madame… Oui, oui, oui, tout ce que ma petite-fille vient de vous dire est exactement l'exacte véritable vérité… Et je peux vous dire que, pour une fois, elle n'a même pas exagéré !

Grand-maman donne son adresse, puis elle raccroche et là, on dirait que la vie s'accélère à une vitesse folle. Dehors, nous entendons une multitude de klaxons. Grand-maman, Francis et moi, nous sortons sur le balcon. Une dizaine d'automobilistes impatients, coincés derrière le camion, klaxonnent à tue-tête. Ensuite, derrière le concert de klaxons, nous entendons approcher les sirènes des voitures de patrouille. Elles arrivent des deux côtés de la rue.

Les policiers descendent de leurs véhicules. Pendant que certains d'entre eux s'occupent de la circulation, un autre grimpe l'escalier et vient nous rejoindre. Mais je n'ai même pas le temps de faire ma déposition. En bas, de l'autre côté de la rue, j'aperçois le plus petit des trois voleurs qui revient sur les lieux du crime. Je crie aux policiers :

POLICE
POLICE

— Regardez ! En bas ! Lui, c'est un des voleurs !

— Oui ! ajoute grand-maman. Je le reconnais !

— Moi aussi, je le reconnais, lance Francis.

Aussitôt, le policier descend l'escalier en survolant les marches. Le voleur se sauve à toutes jambes. Du balcon, nous assistons, en direct et sans pause publicitaire, à une poursuite digne des plus grands films d'Hollywood. Le voleur court et zigzague entre les voitures. Il tente de s'échapper en sautant par-dessus une clôture, mais elle est trop haute. Il revient sur ses pas, bifurque, se lance sous la grande boîte du camion, apparaît de l'autre côté et, finalement, se fait rattraper par le policier qui ne semble même pas essoufflé.

Il couche le voleur sur le ventre en plein milieu de la rue. Il lui passe les menottes dans le dos. Il l'aide à se relever et hop!, il le fait entrer dans une autopatrouille.

—Incroyable! murmure grand-maman.

—On dirait un film, ajoute Francis, complètement hypnotisé par la scène.

—Il ne manque que le pop-corn…

Ma petite blague nous fait pouffer de rire. En vitesse, nous allons chercher des chaises à la cuisine et nous nous installons sur le balcon en appuyant nos coudes sur la rampe. Nous regardons, en direct, la suite des événements, et c'est encore plus palpitant que si nous étions au cinéma!

D'autres voitures de police arrivent en trombe. Il y a des policiers partout, sur le trottoir, dans la rue, dans le camion, chez le voisin qui, tout à coup, arrive en catastrophe avec sa femme. Nous les voyons, de loin, pénétrer dans leur maison puis en ressortir, quelques instants plus tard, en levant les deux bras au ciel. Les voisins s'entretiennent avec des inspecteurs. Ils gesticulent. Ils trépignent. Et puis, soudainement, tout ce beau monde se retourne vers le balcon de grand-maman. Je sens tous les regards me fixer, et quand je dis fixer, c'est vraiment plus que ça. Je sens tous les regards me visser, me clouer, me river sur place. Le monde cesse de tourner. Les oiseaux cessent de chanter. Un tout petit doute commence à germer dans mon cerveau, un tout petit doute, qui se transforme en moyen doute… qui devient un terrifiant gros doute… Et si, par malheur, je m'étais trompée ? Et si, par malheur, les déménageurs n'étaient pas des voleurs ? Et si… Et si… Et si…

Je préfère ne pas penser aux conséquences…

La gorge nouée par l'émotion, la crainte, l'angoisse, j'essaie d'avaler un peu de salive, mais rien ne passe. Les voisins, encadrés par deux policiers, se dirigent d'un pas rapide vers l'escalier qui mène chez grand-maman. Et c'est moi, moi, Noémie, qu'ils regardent ! Et je ne réussis pas à savoir s'ils sont heureux ou malheureux, contents ou pas contents.

-8-

Tra la la la la!

Mes voisins et les deux policiers qui les accompagnent arrivent au bas de l'escalier et commencent à monter les marches. Je glisse une main dans celle de grand-maman et mon autre main dans celle de Francis. Je tremble. J'ai peur. Dans quelques secondes, je deviendrai soit une héroïne extraordinaire et merveilleuse ou bien je resterai, encore une fois, une petite fille qui passe son temps à exagérer...

Toute la bande est maintenant rendue au milieu de l'escalier.

Je voudrais disparaître dans un autre monde. Je voudrais que les marches se multiplient par cent, par mille et que l'escalier ne se termine jamais.

Le premier policier monte sur le balcon. Il se présente, constable Jolicœur. Il donne la main à grand-maman. Puis, sans aucun préambule, la voisine s'approche de moi, se penche et… et… j'attends les premiers mots qu'elle me dira pour savoir si je serai sauvée ou condamnée… Elle me dit :

— Ma chère petite Noémie ! Tu nous as évité un grand malheur !

FIOU ! FIOU ! et RE-FIOU ! Je suis sauvée ! Je recommence à respirer ! Une joie merveilleusement extraordinaire et fantastique s'empare de moi. À la surprise générale, je commence à danser sur le balcon en chantant :

— TRA LA LA LA LA ! TRA LA LA LA LA ! C'EST LE PLUS BEAU JOUR DE MA VIE !!!

Les voisins, tout heureux, me remercient encore et encore et encore et encore. Ils me donnent la main, ils m'embrassent. J'en ai mal aux paumes et mal aux joues.

Même ma grand-mère, habituellement réservée, commence à danser sur le balcon. Emportée par l'enthousiasme, elle prend la main du constable Jolicœur et valse autour de lui. Le Jolicœur devient rouge comme une tomate bien mûre. Heureusement, il est sauvé par son émetteur radio accroché à son épaule. La tête penchée vers le micro, il lance :

—Oui, je descends tout de suite!

Le Jolicœur relève la tête, nous salue, puis se précipite dans l'escalier. Il traverse la rue pour s'engouffrer dans une autopatrouille, qui ressemble à un petit autobus.

Quelques minutes plus tard, une équipe de six déménageurs arrive dans une camionnette. Sous la direction du constable Jolicœur, les gros bras commencent à vider le camion et à replacer les meubles dans la maison de nos voisins.

Grand-maman, Francis et moi, nous nous rassoyons sur nos chaises pour apprécier le spectacle. Moi, bien sûr, je continue de prendre des photographies de tout ce qui se passe et aussi de tout ce qui ne se passe pas. Je veux dire que, de temps à autre, je photographie grand-maman appuyée sur la rampe. Je photographie Francis qui ne cesse de replacer sa casquette. Et je prends même une photo de moi, à bout de bras. Clic! Clic! Clic!

Une policière, avec un très large sourire, vient nous rejoindre afin de recueillir notre déposition. Grand-maman raconte qu'elle a dormi, sans ronfler, presque la moitié du temps. Moi, je raconte toute l'aventure en n'omettant aucun détail. Francis raconte comment il a lancé trois bouteilles de poil à gratter à l'intérieur de l'habitacle. Puis, avec la gentille policière, nous descendons tous, en bas, chez mes parents. Sur l'écran de l'ordinateur de mon père, je montre les photographies des voleurs en pleine action. J'en fais une copie sur un disque compact, tout cela dans le seul but d'aider la justice à poursuivre ses efforts afin de contrer les forces du mal représentées, ici, par les trois voleurs… Pendant que je parle et que je parle et que je parle, je fais d'autres copies pour mes parents, mes amis, mes voisins…

Lorsque nous sortons de la maison, une immense remorqueuse vient chercher le camion pour l'emporter quelque part, je ne sais où. Nous le voyons disparaître au coin de la rue.

La gentille policière nous quitte en nous laissant sa carte de visite.

—Si jamais vous avez des problèmes, dit-elle d'un ton grave, n'hésitez pas à m'appeler!

Grand-maman et moi demandons d'une voix tremblante:

—Heu... Quel genre de problèmes?

-9-

La silhouette noire

La policière ne répond pas. Elle nous salue puis elle disparaît dans le petit autobus... Francis regarde sa montre :

— Je dois m'en aller ! Noémie, si tu as d'autres problèmes, n'hésite pas à me rappeler. Il me reste encore du poil à gratter... J'ai aussi des bombes puantes, des araignées en caoutchouc, des rats téléguidés, des habits de sorcière... Je connais aussi des trucs de magie pour faire apparaître ou disparaître des choses...

Je remercie Francis pour sa grande générosité. Je lui envoie la main une dernière fois puis, grand-maman et moi, nous nous retrouvons toutes seules sur le trottoir, à songer aux problèmes potentiels qui pourraient survenir…

Nous montons lentement l'escalier, nous entrons dans la maison, nous nous dirigeons machinalement vers le salon et nous regardons les aiguilles de l'horloge. Il est treize heures… mais, après toutes les émotions que nous venons de vivre, nous n'avons ni faim, ni soif et nous ne pensons même pas que le chiffre treize pourrait nous porter malheur ! Nous nous assoyons et nous nous regardons sans rien dire… Tout à coup, sans même que nous ayons entendu l'escalier vibrer ou le balcon craquer, la sonnerie de la porte avant retentit dans tout l'appartement. DRING! DRING! DRING!

Je me précipite vers la porte en pensant que mon ami Francis a oublié de me dire quelque chose… Mais je m'arrête d'un coup sec dans le vestibule. Je n'en reviens pas. Je me frotte les yeux pour être bien certaine que je n'hallucine pas. Exactement comme dans les films d'horreur, j'aperçois, derrière la vitre de la porte d'entrée, un homme… un inconnu grand et maigre, qui s'acharne à faire résonner la sonnette. DRING! DRING! DRING!

J'en ai le souffle coupé. Je n'ose plus bouger. DRING! DRING! DRING! Mes oreilles bourdonnent. Grand-maman demande :

— Qui est-ce?

Je n'ose pas répondre. Je suis pétrifiée.

DRING! DRING! DRING!

-10-

L'incroyable surprise !

Ma grand-mère vient me rejoindre dans le vestibule. Encore une fois, la sonnette retentit. DRING ! DRING ! DRING !

En regardant l'inconnu, grand-maman répète :

— Qui est-ce ?

— Je... Je ne sais pas. Il s'agit peut-être d'un complice des démévoleurs... ou d'un espion... ou d'un tueur à gages qui veut se débarrasser de deux témoins encombrants... Grand-maman murmure :

— Mais ça ne va donc jamais s'arrêter?

Le mystérieux inconnu se penche vers la fenêtre en posant les mains de chaque côté de ses yeux. Il nous aperçoit et nous lance en cognant dans la vitre:

— Madame Lumbago! Noémie! Ne craignez rien! Je m'appelle Jean-G...

Mais nous n'avons pas le temps d'entendre le reste de son nom. Un autre individu, suivi par un troisième, suivi par un quatrième, suivi par un cinquième, suivi par un sixième monte sur le balcon. Chacun est armé d'une, deux et même trois grosses caméras. Ils se regardent tous, exactement comme s'ils se connaissaient:

— Hey! Salut!

— Bonjour!

— Ça va ?

— C'est bien ici ?

— D'après les informations de mon radio-émetteur, oui, oui, c'est ici !

— Qu'est-ce qu'on attend ?

Grand-maman et moi ne savons plus quoi penser. Mon cerveau fonctionne à pleine vitesse mais, je l'avoue, je suis complètement dépassée par la situation.

Ils sont maintenant six inconnus sur le balcon, qui pointent leurs caméras dans ma direction. La grande silhouette se rapproche de la fenêtre pour dire :

— Ne craignez rien ! Nous sommes des journalistes ! Nous aimerions avoir votre version des faits !

Je m'approche de la fenêtre et je crie :

— Qu'est-ce qui me prouve que vous êtes réellement de vrais journalistes pour de vrai?

Chacun des hommes fouille dans ses poches, dans son portefeuille, dans une mallette. Ils soulèvent la petite trappe pour le courrier. Ils lancent leur carte professionnelle à l'intérieur du vestibule. Je me penche et, six fois plus rapidement que la vitesse de la lumière, je ramasse les cartes. Ce sont tous des journalistes de différents journaux et de différents réseaux de télévision.

TÉLÉVISION!

Oui, oui, j'ai bien dit: TÉLÉVISION!

Mais je ne suis pas dupe, je sais très bien que des voleurs peuvent se déguiser en n'importe quoi. Alors, je demande:

— Avez-vous de vraies preuves à toute épreuve que vous êtes vraiment de vrais journalistes pour vrai?

En entendant ma question, ils se regardent, interloqués, puis ils commencent tous à parler en même temps. J'entends, pêle-mêle, les mots «télévision, nouvelles de dix-huit heures, réseau dans tout le pays, édition du samedi, scoop de première heure…»

Grand-maman et moi, nous ne comprenons rien à tout ce charabia. Alors, devant ces messieurs au comble de la surprise, je crie:

— WO! UN INSTANT!

Tout le monde se tait sur le balcon. J'ajoute:

— Je vous donnerai ma version des faits remplie de scoops

en priorité et en exclusivité… si… si… heu… si vous me laissez vos portefeuilles en garantie! Immédiatement, et sans rouspéter!

Grand-maman me regarde avec stupéfaction. Elle n'en revient pas, et moi non plus d'ailleurs… Un à un, les journalistes font glisser leur portefeuille par la petite fente de la porte. Je les ramasse et je vais les placer sur le lit de grand-maman. Je les recouvre d'un châle rouge, puis je retourne dans le vestibule pour ouvrir la porte d'entrée. Et là, c'est comme si l'éclat de mille soleils envahissait ma tête. Aussitôt la porte ouverte, les journalistes me mitraillent avec leurs caméras et leurs flashes. Je me fige sur place. J'hallucine de

petits points noirs qui se promènent devant moi.

Je dois m'appuyer contre le cadre de la porte pour ne pas tomber à la renverse. Je ferme les yeux et je comprends soudainement pourquoi les vedettes de cinéma portent des verres fumés. Je reprends un peu mes esprits... Grand-maman demande:

— Messieurs, aimeriez-vous un peu de thé?

Pendant que j'hallucine encore quelques petits soleils noirs, je me dirige vers la cuisine pour raconter, une deuxième fois aujourd'hui, tous les détails de mon aventure. Mais là, c'est beaucoup plus gênant qu'avec les policiers. Toutes les caméras sont braquées sur moi. J'essaie d'oublier mes yeux trop grands, mon menton trop petit, mes cheveux trop frisés et ma voix aiguë. Je prononce quelques mots qui n'ont ni queue ni tête... Je bafouille en parlant de Francis... Je bégaie... Je voudrais que le plancher s'ouvre. Mais, comme je ne peux pas disparaître ailleurs, dans une autre dimension, je ferme les yeux pour éviter de voir les caméras. Les paupières closes, je réponds aux questions des journalistes en essayant de faire des phrases complètes.

Les questions fusent de toutes parts, puis, soudain, je suis sauvée par les sonneries des six téléphones cellulaires des journalistes, qui sonnent presque toutes en même temps, mais avec des sons différents. Des Bip! Bip! se superposent à de la musique de danse, à des Briiit...

Briiit... électroniques. Chacun des journalistes me fait signe d'attendre. Chacun pose, en vitesse, son téléphone sur son oreille et chacun dit :

— Allo?!

— Moi-même!

— Oui!?

— C'est moi!?

— J'écoute?!

— Lui-même, à l'appareil!!

Puis, chacun se lève d'un bond en écarquillant les yeux :

— Quoi?

— Comment?

— Où ça?

— Incroyable!

— J'arrive tout de suite!

— Moi aussi!

-11-
Le détail important

C'est vraiment incroyable ! Tous les journalistes commencent à se parler en même temps :

— Un carambolage !

— Un déversement d'huile !

— Sur l'autoroute !

— Des dizaines de blessés !

— Vite !

— Urgence !

Sans même me regarder, exactement comme si je n'existais plus, ces messieurs referment leurs téléphones cellulaires. Ils se lèvent, se précipitent vers la sortie avec leurs caméras, descendent les marches en faisant vibrer l'escalier, puis… plus rien…

Le silence résonne dans la maison.

Grand-maman, la théière à la main, me regarde, estomaquée. Je dis :

— Je compte jusqu'à « trois » et je parie que nous allons entendre l'escalier vibrer !

— Mon Dieu Seigneur, pour quoi faire ? As-tu omis des détails importants ?

— Mais non…

— Mon Dieu Seigneur… Alors je ne comprends pas…

En regardant la grande aiguille de l'horloge, je compte :

— Un… Deux… Trois…

Il ne se passe rien. L'escalier ne vibre pas. Je continue :

— Quatre… Cinq… Six…

— Voyons, Noémie ! Qu'est-ce qui te prend ?

— Sept... Huit... Neuf...

Rien ne se passe. Je commence à douter.

— Dix... Onze... Douze...

Et tout à coup, nous entendons un raz-de-marée dans l'escalier. Le plancher du balcon craque. La sonnette se met à résonner frénétiquement. DRING ! DRING ! DRING !

Je cours dans le corridor. Je bifurque dans la chambre de grand-maman, soulève le châle rouge, reviens les bras chargés, ouvre la porte d'entrée et remets les portefeuilles aux journalistes, ainsi que des disques compacts, en disant :

— Voilà, messieurs, j'avais fait des copies pour mes parents et pour mes voisins... Mais elles vous seront plus utiles! Tous les détails de l'événement sont enregistrés sur le disque!

— Merci!

— Merci!

— Merci!

— Merci!

— Merci!

— Merci!

Chacun repart en vitesse, mais heureusement, personne ne déboule l'escalier. Je referme la porte, puis je vais rejoindre ma grand-mère à la cuisine. Elle me regarde avec ses petits yeux malicieux. Je m'assois sur ses genoux. Au bout de quelques secondes de tranquillité, le petit serin commence à siffler doucement dans sa cage. Le chat ronronne à mes pieds. Grand-maman murmure:

— Mon Dieu Seigneur, de mon Dieu Seigneur, quelle aventure incroyable! Heureusement, tout est bien qui finit bien!

— Voyons donc, grand-maman! Faites-vous exprès pour ne rien comprendre? Ce n'est pas la fin! Ce n'est que le début!

— Le début de quoi?

Pour ne pas effrayer ma grand-mère, je préfère ne rien lui dévoiler. Je me laisse bercer en songeant aux deux autres voleurs qui sont encore en liberté, et qui vont voir ma tête trop frisée, ce soir, à la télévision, ainsi que dans les journaux de demain… et qui vont découvrir mon vrai nom… et qui vont sans doute revenir pour se venger.

J'ai une grosse boule dans l'estomac. J'ai peur. J'essaie de ne rien imaginer, mais je crains le pire et le pire, c'est exactement ce qui s'en vient… et à une vitesse phénoménale. Je demande à grand-maman:

—C'est à quelle heure, les nouvelles à la télévision?

—Vers dix-huit heures, je crois.

Je regarde ma montre. Il me reste quelques heures de tranquillité. Ensuite, ma vie ne sera plus jamais la même… Tous mes voisins vont me voir à la télévision. Ils vont me regarder bafouiller. Ils vont me voir parler avec les yeux fermés… Pour certains, je serai la petite fille qui bégayait à la télévision. Et pour d'autres, heureusement, je serai celle qui a sauvé ses voisins. D'une manière ou d'une autre, je ne pourrai plus me rendre au dépanneur sans porter de verres fumés. Je devrai signer des autographes au parc, au restaurant, dans l'autobus.

Ce n'est pas compliqué à comprendre : dans quelques heures, je ne pourrai échapper ni à la popularité, ni aux deux voleurs, qui deviendront complètement déchaînés en me voyant dans les médias. Ils vont me poursuivre sans relâche… Et je ne peux rien faire pour arrêter ce double, ce triple, ce quadruple désastre !

-12-

En attendant le drame

Je suis tellement tendue qu'il m'est impossible de rester plus longtemps chez ma grand-mère, à attendre les nouvelles à la télévision, et surtout, à attendre que les voleurs se manifestent. Mais je n'en parle pas à grand-maman, parce que je ne veux pas qu'elle s'énerve avant que ce ne soit vraiment le temps de s'énerver. Je me comprends…

Pour me changer les idées et pour m'aérer l'esprit, je suggère à grand-maman d'aller faire une promenade dans le parc. Mais j'ai beaucoup de difficulté à me concentrer. En me balançant, en glissant, en grimpant, je ne cesse de penser aux deux voleurs en liberté. J'essaie de me mettre dans leur peau. C'est-à-dire que j'essaie de penser exactement comme si j'étais moi-même un voleur. C'est une technique que les héros emploient souvent au cinéma pour deviner ce que les méchants vont faire, et ainsi, pouvoir contrer leurs plans maléfiques... Donc, moi, si j'étais un voleur, je tenterais de me venger de la petite fille qui m'a dénoncé. Les voleurs connaissent l'endroit où grand-maman habite. Alors, dans ma tête, j'essaie d'imaginer ce qu'ils pourraient faire... Ils pourraient vider des poubelles sur le balcon de grand-maman. Ils pourraient voler les marches de l'escalier. Ils pourraient déposer tout plein de meubles devant la porte pour que nous ne puissions plus jamais sortir de la maison… Ou bien, ils pourraient employer des tactiques plus raffinées. Ils pourraient lui téléphoner cent fois par jour en changeant chaque fois de voix. Ils pourraient lui faire livrer des milliers de pizzas, sonner à sa porte sans arrêt…

Je ne sais pas, je ne sais plus. Pendant le reste de l'après-midi, tandis que ma grand-mère regarde les enfants jouer au parc, moi, je pense à d'autres stratégies… Pour empêcher les deux voleurs de monter sur le balcon, je pourrais répandre de la graisse sur les marches. Je pourrais inventer un escalier semblable à un pont-levis, dont la base

monterait dans les airs au-dessus du trottoir... Je pourrais installer un mannequin sur le balcon, un mannequin déguisé en policier... Je pourrais installer une grosse affiche sur laquelle il serait écrit : ATTENTION ! VOUS ÊTES FILMÉS !

Bien sûr, je pense aussi à des solutions extrêmes ! Des solutions comme des pièges électroniques à voleurs, des menottes magiques, des désintégrateurs de mécréants, des propulseurs de voleurs sur d'autres planètes…

Après avoir beaucoup réfléchi, je reviens vers la maison en tenant très fort la main de grand-maman, mais il ne se passe rien

de tragique. Nous ne tombons pas dans un guet-apens. Personne ne nous suit. Personne ne tente de nous enlever. Nous revenons simplement chez grand-mère. La porte n'a pas été défoncée, les meubles n'ont pas été volés, les papiers peints n'ont pas été arrachés.

Après avoir fait toutes les vérifications d'usage, je m'installe devant le téléviseur pour écouter les nouvelles, et aussitôt, grand-maman se lance dans un grand discours :

— Voyons donc, Noémie ! Il me semblait que dans la vie, il y avait plein d'autres choses à faire que de regarder la télévision…

— Voyons donc, grand-maman ! Là, ce n'est pas pareil !

— Pourquoi, ce n'est pas pareil ?

— Parce que là, bientôt, dans quelques minutes, c'est moi qui vais passer à la télévision !

— Oh !

— Oui, oh !

— Mon Dieu Seigneur ! Oh ! Oh !

— En effet ! Oh ! Oh !

Pendant que je surveille l'écran et surtout, pendant que je change les postes à toute vitesse pour ne rien manquer, grand-maman se précipite dans la cuisine. Elle fait réchauffer deux morceaux de lasagne puis elle revient :

— Et puis, Noémie ?

— Rien, aucune Noémie, aucun moi… à tous les postes…

Par contre, à tous les postes, on peut voir des images et des émissions spéciales sur le carambolage, des entrevues de témoins qui ont assisté au carambolage, qui ont entendu parler du carambolage... Puis, d'autres émissions spéciales concernant des gens qui ont déjà survécu à un carambolage, qui ont eu un frère ou une sœur impliqué dans un carambolage...

Rien à propos de moi! Je suis très déçue pour ma popularité... Et un peu soulagée en pensant aux voleurs en liberté.

Pendant toute la soirée, je ne cesse d'appuyer sur les boutons de la télécommande. Je ne cesse de me promener d'un poste à un autre. Grand-maman n'en peut plus, elle me dit:

— Mon Dieu Seigneur, j'en ai assez! J'ai d'autres choses à faire!

Elle se lève, et là, juste au moment où elle veut quitter le salon, elle se fige sur place. Moi aussi. Dehors, nous entendons l'escalier vibrer. Il n'y a pas une, mais deux personnes qui gravissent les marches… lentement… sans se presser… en catimini…

-13-

Surprise devant des millions de téléspectateurs

Moi, en entendant les vibrations de l'escalier, je pense tout de suite aux deux voleurs qui reviennent pour se venger. Je me lève d'un bond et je me blottis contre grand-maman. Nous tremblons de peur... Le balcon craque. Les deux ombres s'arrêtent devant la porte. Quelque chose, comme un passe-partout, tourne lentement dans la serrure. Les pentures grincent légèrement. Gniii... Gniii... Juste au moment où nos deux cœurs vont exploser, grand-maman et moi reconnaissons mon père et ma mère. FIOU! Ce sont mes parents qui viennent me chercher. Je suis tellement soulagée que je saute dans les bras de mon père. Il m'embrasse et me demande:

—Alors, Noémie, as-tu passé une bonne journée?

—Ouais…

—Ouais, comment? demande ma mère.

Je n'ai pas le temps de répondre. À la télévision, j'entends le commentateur de nouvelles s'exclamer sur un fond de musique trépidante:

—En manchette, aujourd'hui, l'histoire incroyable d'une jeune fille…

Je dis à mes parents:

— Vite ! Installez-vous devant la télé, vous allez voir ce que j'ai fait aujourd'hui !

Mes parents me regardent d'un air perplexe. En compagnie de grand-maman, ils s'installent sur le canapé.

Nous fixons l'écran… et moi, complètement déçue, je regarde un autre reportage sur ce foutu carambolage… un reportage dans lequel on nous montre une petite fille qui a été projetée hors de l'automobile de ses parents et qui a fait un vol plané de vingt mètres avant d'atterrir miraculeusement sur un matelas qui était transporté sur le toit d'une camionnette.

Et c'est ça la grande nouvelle du jour !

Je suis tellement frustrée, contrariée, déçue, désappointée, dépitée, que je deviens complètement enragée. Dans un grand geste théâtral, comme le font souvent les vedettes de cinéma, je prends un coussin et je le lance sur l'écran du téléviseur, puis je me mets à pleurer toutes les larmes de mon corps.

Mon père et ma mère, surpris, essaient tant bien que mal de me consoler. Soudain, derrière mes pleurs, j'entends le commentateur s'exclamer:

— Bon, après toutes les nouvelles dramatiques de la journée, nous allons faire une pause pour rigoler un peu… Voici donc, en exclusivité, un petit film tourné par une jeune fille qui s'appelle Noémie. C'est une vidéo que nous avons intitulée «Hommage à ma grand-mère».

Et là, un grand frisson de panique me traverse le corps. Mes parents et surtout grand-maman me regardent avec appréhension. Puis, tous les quatre, nous nous tournons vers le téléviseur et nous apercevons, à l'écran, ma grand-mère, en très gros plan, qui ronfle à tue-tête. Elle ronfle et elle ronfle et elle ronfle pendant que l'on voit sa mèche de cheveux qui monte et redescend sur son nez. En plus, on entend des rires enregistrés, comme ceux que l'on utilise dans les émissions comiques! La caméra s'éloigne, s'approche, tourne autour de grand-maman, exactement comme je l'ai filmée ce matin. Soudain, je comprends tout: le film était sur le disque que j'ai remis aux journalistes!!!

Je suis tellement bouleversée que je voudrais fondre, me liquéfier, disparaître. Un million de téléspectateurs regardent ma grand-maman ronfler à tue-tête. Je suis tellement surprise, je ne sais tellement pas comment réagir, que je me remets à pleurer de plus belle en marmonnant :

— Snif... Snif... Excusez-moi... Snif... ce n'est pas de ma faute... Snif...

Grand-maman me prend dans ses bras, elle murmure, des trémolos dans la voix :

— Ce n'est pas grave, Noémie...

Elle avale un peu de salive et ajoute, pour me faire rire :

— Finalement, quand on baisse le volume... je ne ronfle pas si fort que ça !

Puis elle dit pour me consoler :

—Ne t'en fais pas, Noémie, je suis certaine que demain, les journaux vont parler de ton exploit!

—Quel exploit? demandent mes parents, inquiets.

* * *

Les journaux du lendemain ne font pas mention de mon exploit. Aucun petit texte. Pas même une petite photographie en noir et blanc… On parle du carambolage sur vingt pages.

Je suis extrêmement déçue pour ma popularité, et soulagée pour les voleurs…

Le surlendemain, rien nulle part et rien tout partout. Je suis plus déçue qu'extrêmement déçue, et pas mal soulagée.

Le sur-surlendemain, même chose : RIEN ! Je suis doublement plus déçue qu'extrêmement déçue, et très soulagée.

Le sur-sur-surlendemain, après une nuit plate, une nuit sans rêves et sans cauchemars, je suis triplement déçue, et considérablement soulagée. Mais, pour dire la vérité, je suis mille fois plus déçue que soulagée… Tout cela peut paraître compliqué à comprendre, mais c'est encore pire que ça… En silence, les deux coudes appuyés sur la table de la cuisine, je regarde mes parents prendre leur petit-déjeuner ennuyeux.

Je les embrasse machinalement, puis lentement, très lentement, je monte l'escalier qui mène chez grand-maman. Je suis tellement désappointée, dépitée, désenchantée, que je n'ai plus aucune force dans les jambes. J'ai l'impression de peser mille kilos. Je suis tellement malheureuse que le ciel bleu me semble plus noir que les plus sombres nuits... Je suis tellement malheureuse que le chant des oiseaux ressemble au tintement de cloches funèbres... Il n'y a pas de doute, je sombre dans une grosse dépression nerveuse, une très grosse dépression nerveuse d'éléphant dans un corps de petite fille. Partout, j'ai l'impression d'entendre une musique lente et pathétique comme dans les films mélancoliques.

Je monte sur le balcon en soupirant à chaque marche... Je jette un dernier regard triste et gris sur le monde extérieur... J'ouvre la porte, qui gémit comme un animal blessé, et je m'engouffre chez ma grand-mère. L'appartement baigne dans l'obscurité. En traversant le vestibule, je lance un petit « Bonjour… grand-maman… ». Personne ne répond. Je suis tellement déprimée que je n'imagine même pas que grand-maman ait pu être enlevée par des voleurs, des intraterrestres liquides ou des extraterrestres.

En me traînant les pieds, je m'avance lentement dans le corridor et, soudainement, rendue à l'entrée de la cuisine, je reçois comme une décharge électrique dans le cerveau ! Un feu d'artifice explose dans ma tête ! Mes yeux s'écarquillent de joie ! Chacune de mes cellules devient une voiture de course qui accélère dans mes veines !

Mon cœur bat tellement fort que je dois m'appuyer contre le mur pour ne pas tomber!

Grand-maman, assise bien droite sur sa chaise berçante, me montre la page d'un journal sur lequel j'aperçois rapidement, en très grosses lettres, «NOÉMIE»!!!

-14-

L'incroyable dénouement

Je me précipite vers grand-maman et, sans même m'en rendre compte, je lui arrache le journal des mains. Je m'assois à la table et, tout étourdie, je lis, relis et re-relis le gros titre sans trop comprendre ce qui se passe. « L'AVENTURE DE LA PETITE NOÉMIE AU CINÉMA »

—Je… Comment ça, grand-maman?

—Je ne sais pas, Noémie, tu viens de m'arracher le journal des mains, je n'ai pas eu le temps de lire l'article.

Je m'excuse auprès de ma grand-mère et je lis l'article en diagonale, c'est-à-dire rapidement, pour en comprendre le sens. Il semblerait qu'un journaliste ait parlé de mon exploit à un scénariste et à un réalisateur de films !

Je suis tellement surprise par cette nouvelle que je me fige sur place.

Grand-maman s'empare du journal. Elle lit l'article en répétant «Mon Dieu Seigneur, mais c'est incroyable!» Puis elle me regarde avec un air qui veut dire: «Mon Dieu Seigneur, mais c'est incroyable!» Je suis tellement surprise que je la regarde, moi aussi, avec un air qui veut dire: «Mon Dieu Seigneur, mais c'est incroyable!»

Pour être bien certaines de ne pas nous tromper avec les mots, ou avec l'interprétation des mots, grand-maman et moi, nous déposons le journal sur la table. Nous relisons ensemble, lentement, à voix haute, tout l'article intitulé «L'AVENTURE DE LA PETITE NOÉMIE AU CINÉMA».

Dans cet article, il est vraiment question, pour vrai, d'un vrai film, avec de vrais acteurs. Une vraie petite actrice jouera mon rôle, un vrai petit comédien jouera le rôle de Francis et une vraie comédienne jouera le rôle de ma grand-maman d'amour en chocolat!

Ma vraie grand-mère s'exclame:

— En tous les cas, moi, je suis bien contente de ne pas jouer dans ce film! Je serais bien trop gênée...

Je ne réponds pas, mais je pense exactement la même chose. Tout le monde rirait de moi, avec mes yeux trop grands, mon menton trop petit, mes cheveux trop frisés et ma voix trop aiguë! En plus, pour oublier les caméras, il faudrait que je puisse jouer la comédie en ayant les yeux toujours fermés!

Sans perdre une seconde, j'appelle mon ami Francis... Mais personne ne répond chez lui. Alors, tout énervée, je laisse un message sur le répondeur pour lui annoncer la bonne nouvelle !

Je raccroche.

— Grand-maman, j'ai l'impression de rêver ! Voulez-vous me pincer ?

— Est-ce que je peux t'embrasser, à la place ?

Je lui fais signe que oui. Grand-maman m'embrasse sur les deux joues en murmurant :

— Tu vois, Noémie, un film, c'est bien mieux qu'un petit reportage à la télévision !

C'est tellement incroyable que je n'en reviens pas. Je demande à grand-maman :

— C'est peut-être une erreur ?

— Une erreur, comment ça?

— Une erreur dans **votre** journal!

Sept fois plus vite que la vitesse de la lumière, je quitte les bras de grand-maman. Elle me crie:

— NOÉMIE, OÙ VAS-TU?

Je n'ai pas le temps de répondre. Je m'élance dans le corridor. Huit fois plus vite que la vitesse de la lumière, j'ouvre la porte, saute sur le balcon et descends l'escalier en planant au-dessus des marches. Je me précipite sur le trottoir. Je cours, cours, cours jusqu'au dépanneur le plus proche. J'ouvre la porte. Sans même dire bonjour à la gentille propriétaire, je me lance sur une pile de journaux. Je tourne les pages neuf fois plus rapidement que la vitesse de la lumière! Et là, le monde cesse de tourner encore une fois. Je l'entends qui freine dans ma tête et tout autour de moi. Je n'en reviens pas! Il n'y a pas d'erreur, ni de mauvaise blague, ni d'autres choses! La même nouvelle, «L'AVENTURE DE LA PETITE NOÉMIE AU CINÉMA», est imprimée dans chacun des journaux, à la même page 38, avec les mêmes mots! Exactement!

Incroyable! Mais il me vient quand même un petit doute.

Je quitte le dépanneur. Grand-maman, qui arrive en trottinant, me demande, tout essoufflée:

—Noémie, qu'est-ce qui te prend? Qu'est-ce que tu fais là?

—J'ai une dernière chose à vérifier!

Dix fois plus vite que la vitesse de la lumière, je m'élance sur le trottoir, je traverse deux coins de rue et je m'engouffre dans une grande épicerie. Je me rends au comptoir à journaux. J'ouvre tous les exemplaires à la page 38. Et dans chacun, j'aperçois le même article, imprimé noir sur blanc.

Les clients, le balayeur, les caissières me regardent avec étonnement. Grand-maman arrive, encore plus essoufflée :

— Mais Noémie, pour l'amour du ciel, qu'est-ce que tu fais?

Je lui montre toutes les pages éparpillées sur le plancher :

— Il n'y a pas d'erreur! L'article est imprimé dans tous les exemplaires de la ville, du pays, du monde entier!

Je me lance sur ma grand-maman chérie d'amour, anciennement en chocolat fondant,

NOEMIE

maintenant en pop-corn avec du beurre fondant... Je crie:

—C'est incroyable!

—EN EFFET, C'EST INCROYABLE! répond une grosse voix derrière moi.

Je me retourne et j'aperçois le propriétaire de l'épicerie. Il regarde le gâchis que je viens de faire avec les journaux. Des centaines de feuilles sont dispersées sur le plancher et un peu sur les comptoirs et un peu sur les tablettes. Il me fixe:

—Ce n'est pas très gentil, tout ça!

Tout à coup, exactement comme dans les films, juste au moment où le héros est mal pris, j'entends une voix que je connais bien demander:

—Salut, Noémie! On dirait que tu as encore besoin de moi?

Je me retourne et aperçois Francis, un contenant de lait à la main. Je lui réponds :

— Heu… oui, j'aurais besoin de ton aide. Mais cette fois-ci, pas de poil à gratter ! Il faut replacer toutes les pages, en ordre, dans les journaux !

Je lui montre une page 38. Mon ami lit le titre… parcourt l'article en vitesse, écarquille les yeux et s'exclame :

— WOW ! C'est formidable !

D'un trait, Francis avale tout le contenant de lait. Il le dépose dans une poubelle de recyclage, puis il se lance sur les feuilles éparpillées pour les remettre en ordre. De mon côté, j'essaie tant bien que mal de l'aider… mais je suis tellement énervée que les numéros ne se suivent pas. Des bouts de papier débordent de partout.

Plus je m'applique et plus ça se complique.

Soudainement, pendant que je replace les pages, mon cœur fait un double saut périlleux dans ma poitrine. J'aperçois une photographie des trois voleurs. Sous l'image, je lis que les trois malfaiteurs, les trois démé-voleurs qui ont tenté de voler mes voisins, se sont finalement fait arrêter : « Grâce à des preuves irréfutables, ils ont avoué leur crime… La justice suit son cours… »

Ils ne parlent même pas de moi ni de Francis dans cet article, mais ça ne me fait rien. J'entends la voix de grand-maman demander au propriétaire :

— Bon, combien je vous dois pour les journaux?

— Ça va! Ça va! répond le propriétaire, complètement découragé. Je vais m'arranger!

— Non! dit grand-maman, avec un grand sourire. Vous ne comprenez pas. Je veux les acheter, tous!

Moi, je comprends tout de suite où grand-maman veut en venir. Je lui crie en quittant l'épicerie avec Francis:

— On revient tout de suite avec ce qu'il faut!

Onze fois plus vite que la vitesse de la lumière, nous courons jusque chez mon ami et nous revenons à l'épicerie. Pendant que grand-maman paie les journaux, Francis et moi les empilons sur sa voiturette. Elle craque sous le poids du papier.

Heureusement pour nous, quand les nouvelles sont bonnes, les journaux sont plus légers… Je me comprends…

Je tire sur la poignée de la voiturette, Francis pousse derrière et grand-maman trottine à nos côtés. Devant des clients ébahis, nous quittons les lieux. Les deux portes de l'épicerie s'ouvrent comme les rideaux d'une grande scène. Dehors, le soleil, devenu un immense projecteur, nous inonde de lumière.

Sans rien dire, mais le cœur battant comme un tambour qui annonce de bonnes nouvelles, grand-maman, Francis et moi, nous avançons sur le trottoir. En souriant, nous songeons à toutes les personnes à qui nous allons donner un exemplaire du journal : à mon père, ma mère, nos amis, nos premiers voisins, nos deuxièmes voisins, nos troisièmes voisins, etc.

Il fait beau, il fait chaud… Finalement, j'adore l'été. Probablement douze fois plus

lentement que la vitesse de la lumière, nous avançons à petits pas sur le trottoir… Puis, tous les trois ensemble, sans même nous consulter, nous nous arrêtons devant une belle vitrine. Nous abandonnons la voiturette sur le trottoir. Nous entrons dans le commerce… pour en ressortir quelques minutes plus tard, affublés de belles grosses lunettes de soleil… Des lunettes de vedettes !

Note de l'éditeur

Le film intitulé *Noémie, le secret* est inspiré des romans de Gilles Tibo. Scénarisé par Marc Robitaille et réalisé par Frédérik D'Amours, il met en vedette, dans les rôles principaux, les comédiens suivants : Camille Felton (Noémie), Rita Lafontaine (grand-maman Lumbago), Raymond Bouchard (grand-papa Lumbago), Marina Orsini et Paul Doucet (les parents de Noémie), ainsi que Catherine Bégin (l'autre grand-maman) et Nicolas Laliberté (Francis).

Noémie et grand-maman Lumbago font dire, par voie de communiqué, qu'elles ADORENT le film. Mais elles refusent catégoriquement d'accorder des entrevues… Premièrement, elles détestent se retrouver devant les caméras… et deuxièmement, elles sont un peu effrayées, car elles viennent d'apprendre que les trois voleurs vont bientôt sortir de prison. Comme le dit si bien Noémie :

— Tout peut arriver… à n'importe quel moment !

— Mon Dieu Seigneur de mon Dieu Seigneur ! Mais ça ne va donc jamais s'arrêter, cette histoire-là ?

Pour en savoir plus :

www.lesamisdenoemie.com
www.noemielesecret.com

Fiches d'exploitation pédagogique

Vous pouvez vous les procurer sur notre site Internet à la section jeunesse / matériel pédagogique.

www.quebec-amerique.com

GARANT DES FORÊTS INTACTES

L'impression de cet ouvrage sur papier recyclé a permis de sauvegarder l'équivalent de 40 arbres de 15 à 20 cm de diamètre et de 12 m de hauteur.

Achevé d'imprimer au Canada
en février 2009
sur les presses de Imprimerie Lebonfon Inc.